Lib 48. 466.

MÉMOIRE

CONFIDENTIEL

A MESSIEURS LES DÉPUTÉS

CHARGÉS

DE L'EXAMEN DU BUDJET DE 1816.

PAR H. G. DELORME.

A PARIS,

L. G. MICHAUD, IMPRIMEUR DU ROI,

RUE DES BONS-ENFANTS, N°. 34.

M. DCCC. XVI.

ALLÉGORIE.

—————※—————

Un maçon avait eu l'entreprise d'une digue à construire sur le bord d'un torrent ; les eaux, périodiquement gonflées par la fonte des neiges, avaient deux fois emporté les travaux commencés. L'entrepreneur, voyant sa ruine certaine, se désolait, lorsqu'un habile architecte arriva dans cette contrée. Le maçon accourut, et le supplia de le débarrasser d'un marché qu'il ne pouvait exécuter.

L'architecte se transporta sur les lieux ; il examina les pierres, remarqua que la coupe en était bonne ; il jugea que la digue ne pouvait être construite dans un lieu plus convenable. Il réfléchit...... Un trait de lumière le frappe ; il accepte le marché.

Là où le maître maçon n'avait employé que cent ouvriers, l'homme de génie en mit cinq cents à l'œuvre ; la digue fut construite avant l'hiver, et achevée dans toutes ses parties ; elle résista au torrent, lorsque le dégel vint accroître son impétuosité.

Le torrent est la pénurie de nos finances, qui menace d'anéantir jusqu'à l'espoir d'un meilleur avenir.

La digue est un bon système de finance, combiné avec la politique intérieure et extérieure.

Le maçon est ....

Les ouvriers sont les années à venir, sur lesquelles il faut répartir nos charges présentes.

La France attend l'homme de génie.

MÉMOIRE

CONFIDENTIEL

A Messieurs les Députés chargés de l'examen du budjet de 1816.

Messieurs,

Pour donner à mes deux Mémoires le développement et la perfection qui leur manquent, il eût été nécessaire que j'eusse été guidé par les conseils d'hommes versés dans les finances et la politique, et que j'eusse obtenu la permission de puiser au ministère des finances les renseignements qui sont indispensables pour asseoir mes opinions sur des bases certaines. Aucun de ces moyens ne m'a été donné; et cependant, dans l'état critique où se trouvait la France, au moment où le Ministre présentait, à votre acceptation, un budget effrayant par les conséquences qu'il pourrait avoir sur la prospérité de l'état et sur la tranquillité publique, j'ai dû au moins jeter les fondements d'un grand système de finances; j'ai dû vous le proposer, m'en référant à vos lumières pour en arrêter les détails et le soumettre à notre auguste Souverain.

Je n'ai point dû publier mes pensées sur l'influence que ce système peut avoir pour multiplier nos moyens de défense contre nos ennemis extérieurs ; mais dans cet Exposé confidentiel, je puis vous avouer, Messieurs, que si j'ai vu dans le système que je propose des moyens infaillibles d'augmenter la prospérité de la France, et d'en assurer la tranquillité intérieure, j'ai reconnu aussi qu'il deviendrait la base de la défense générale. En effet, par le crédit de 200 millions ouvert au gouvernement, je mets tous les exercices ministériels au courant ; par l'excédant de 103 millions sur les dépenses de 1816, je procure au gouvernement la facilité de mettre de suite l'armée sur un pied respectable : de sorte que si des circonstances, qu'il est malheureusement trop facile de prévoir, forçaient la France de repousser une injuste agression, ou même si, pour nous retirer d'une situation trop pénible, il nous convenait de prendre l'initiative, c'est alors, Messieurs, que ce système donnerait au Roi les moyens de réunir tous ses sujets en un même faisceau, pour rejeter, au-delà de nos frontières, des alliés qui furent peu généreux.

Ce sera dans cette occurrence aussi que vous reconnaîtrez, que les sommes distribuées en indemnité aux provinces ravagées, auront redoublé l'énergie de leurs habitants ; ce sera alors qu'ils se lèveront en masse pour former l'avant-garde de notre armée : ils le feront, parce qu'ils auront l'assurance que si les ravages de la guerre pèsent de nouveau sur eux, que si leurs villes sont réduites en cendres, la France, la France toute entière deviendra garante des pertes qu'ils éprouveront. Je ne vous ai présenté, Messieurs, que le grand mobile qui agit sur tous les hommes, l'intérêt personnel. Il en est cependant un autre qui ne lui cède en rien, c'est la reconnaissance : ce sera par ce sentiment éprouvé, par le clergé, dont le Roi aura assuré le sort, par les émigrés, qui lui devront leur nouvelle existence, enfin, par les acquéreurs des domaines nationaux, qui lui devront leur tranquillité, que les Français seront réunis en une seule et même famille ; ce sera alors, mais seulement alors, que la France sera redoutable à ses ennemis extérieurs.

L'argent est le nerf de la guerre : cependant, dans une crise politique, ce mobile des opérations militaires doit manquer entièrement au gouvernement. Je l'avais prévu, quand j'ai proposé de créer l'émission d'un milliard en obligations; parce que, au moyen de ce milliard émis, le crédit du gouvernement devient intarissable; il le devient, parce que tous les porteurs d'obligations royales, étant intéressés à la stabilité du gouvernement et à sa conservation, s'empresseront de remplir les emprunts ouverts en obligations, qui seront, pour le gouvernement, une valeur numéraire, avec laquelle il paiera tous les objets qu'il sera forcé de requérir pour alimenter et entretenir ses armées (1). Nos maux sont tellement aggravés par les conditions que nous ont imposées les étrangers, que le remède doit se trouver dans leur excès.

Rien de plus fâcheux pour la France que cet état de faiblesse et de division dans lequel les étrangers se plaisent à nous placer, et l'expectative affreuse de voir exporter, en moins de cinq années, plus de 1,200 millions de notre numéraire, c'est-à-dire, la moitié de tout celui qui est en circulation dans le royaume.

J'ai dit que l'excès de nos maux devait nous en procurer le remède, le voici:

Nous avons à payer aux étrangers 1,700 millions, et même cette somme ne sera probablement pas suffisante; hé bien, en employant 500 millions à diviser les alliés et à former une alliance offensive et défensive avec l'une des principales puissances, et quelques unes du second ordre, nous parviendrons au grand œuvre de notre salut.

Il en est sûrement une qui n'attend que de telles ouvertures pour assurer son indépendance en s'alliant plus étroitement avec nous.

Cette alliance sera possible quand nous aurons créé une armée, et que, par l'adoption d'un bon système de finances, nous donnerons la garantie de pouvoir accomplir nos engagements.

Par cette alliance, qui sera de la plus haute politique, on épargnera au peuple français une taxe de 1,200 millions, surplus des 500 millions payés à nos véritables alliés.

Soyez persuadés, Messieurs, que si nous prenons l'attitude politique et militaire qui convient à une grande nation, nous parviendrons à forcer nos ennemis à se restreindre au traité de Paris de 1814, et que la démonstration seule de la France, disposée à secouer tout joug étranger, les forcera à rentrer dans les bornes de la modération.

Dans une circonstance où tous les Français souffrent encore des suites de la guerre, je n'ai dû réclamer de la justice nationale que 200 millions pour les émigrés : cette somme est insuffisante pour réparer toutes leurs pertes, mais elle leur procurera, du moins provisoirement, les moyens d'attendre qu'un temps plus heureux, permette au Roi de leur compléter la somme totale de ce qu'ils ont perdu, en ajoutant un nouveau don de 200 millions.

Ne croyez pas, Messieurs, qu'en proposant cette indemnité en faveur de cette classe si intéressante, j'ai seulement considéré l'intérêt des émigrés; j'ai été décidé par un intérêt plus grand....... le salut public : on ne peut se dissimuler que les acquéreurs des domaines nationaux ne soient les ennemis jurés de l'auguste dynastie qui nous gouverne, et qu'ils sont presque tous décidés à augmenter le nombre des factieux, et à seconder de tous leurs efforts, les projets parricides dirigés contre le meilleur des Rois; eh bien! Messieurs, par le concordat de paix que je propose entre les anciens et les nouveaux propriétaires, ces ennemis du Roi et de son auguste famille en deviendront les plus zélés défenseurs; parce que, dès-lors, tout changement les ferait retomber dans le danger de nouvelles prétentions, qui pourraient être élevées par un gouvernement usurpateur.

Enfin, Messieurs, nous ne devons jamais perdre de vue que, par les dons faits aux émigrés, les produits des impôts indirects, et de l'enregistrement, augmenteront considérablement.

Quant au clergé, j'ai dû réduire le commencement de sa dotation à la moindre quotité possible, en attendant que la prospérité de nos finances permette de l'augmenter ; cette dotation tranquillisera les acquéreurs des domaines ecclésiastiques, et les portera à se réconcilier avec les ministres des autels, dont ils furent les spoliateurs. Il en résultera encore un nouvel avantage, celui de faire concourir toutes les volontés et tous les intérêts à augmenter et consolider le crédit des obligations royales.

Mieux instruit de l'origine des bois possédés par l'état, je crois à la possibilité de prélever sur les forêts domaniales, les 400 mille hectares portés au budget; ce qui nous donne l'espoir que celles qui ont appartenu à l'église pourraient bientôt lui être restituées (2).

Plusieurs systèmes de finances ont été publiés : ceux qui ont fixé plus particulièrement l'attention, sont ceux qui proposent de porter la dette exigible à la dette consolidée.

Cette mesure paraît très simple en elle-même, et cependant elle doit avoir une grande influence sur la valeur des immeubles. En augmentant la dette consolidée, on force les capitaux, destinés à l'achat des terres, à refluer vers la capitale, pour être transformés en rentes. Vous devez prévoir, Messieurs, combien cette mesure peut être funeste à l'agriculture, qui manque déjà tellement de capitaux, que les immeubles à vendre se multiplient sans trouver d'acquéreurs. Par la mesure mixte que j'ai l'honneur de vous proposer, ce danger disparaît; parce que si, d'un côté, les capitaux s'échangent contre la partie de la dette transformée en rentes, d'un autre côté, la partie de la dette publique, transformée en signe fictif du numéraire, le remplace pour les ventes des immeubles.

Quelques-uns de ceux à qui j'ai fait part de mon projet, ont paru effrayés de l'émission d'un milliard en obligations royales; j'aurai l'honneur de vous faire observer, que la somme d'un milliard en obligations portant intérêt, se trouvera à peine, pour le mouvement de la circulation, dans la proportion de trois cent millions sans intérêt. La raison en est bien simple : l'obligation portant intérêt, et extinguible annuellement, tend chaque jour, qui la rapproche du dividende, à rester entre les mains des porteurs; tandis que l'obligation sans intérêt tend, au contraire, à ne jamais rester entre les mains des possesseurs de ces obligations.

On m'a fait encore une objection qu'il importe essentiellement de détruire; car cette objection, présentée par des hommes de bonne foi, ne manquerait pas d'être saisie par la malveillance pour affaiblir le crédit d'un système tel que celui que je propose.

On a dit : ces obligations, qui doivent avoir primitivement un cours volontaire, pourront en avoir un forcé par une loi qui serait rendue les années suivantes.

Il me sera peu difficile, Messieurs, de vous convaincre que jamais le gouvernement n'ordonnera une mesure si contraire à ses principes ; en faisant même la supposition qu'il fût dirigé par des maximes aussi fausses que toutes celles des gouvernements révolutionnaires dont nous avons été les victimes, je soutiens qu'il est de toute impossibilité que jamais ces obligations puissent avoir un cours forcé; car si le Roi venait à ordonner une telle mesure, il serait obligé de les recevoir en payement des contributions : dès-lors l'équilibre des contributions serait rompu, et le crédit de l'état serait à jamais perdu. Si donc le gouvernement, loin d'avoir intérêt à employer ce moyen, a tout à gagner à ne pas le faire, il devient incontestable que jamais les obligations royales n'auront un cours forcé.

J'ai porté les intérêts de la dette consolidée,

les pensions, et la dette à consolider, à 138 millions; cette somme est réductible, attendu que la dette perpétuelle se trouve confondue avec les pensions et les rentes viagères, qui s'éteignent annuellement; mais cet avantage se trouvera nécessairement balancé par les liquidations à faire aux étrangers (3).

Après avoir essayé de vous démontrer, Messieurs, tout l'avantage qui résultera de l'émission d'un milliard en obligations royales; soit parce que cette émission produira une hausse considérable sur les bois à vendre; soit parce que les propriétés patrimoniales et nationales augmenteront de valeur; soit enfin parce que les porteurs des obligations seront plus fortement attachés au gouvernement. Il me reste à vous donner quelques développements sur l'établissement des banques départementales, qui doivent former le complément du système que j'ai l'honneur de vous soumettre.

Par ces banques, on établirait des relations d'intérêt entre le gouvernement et les grands propriétaires de nos départements, qui s'empresseront d'en devenir actionnaires; parce qu'à l'aide d'une inscription hypothécaire, ils doubleront leurs revenus, et tiendront à honneur d'être les colonnes du crédit public.

Par-là, on rattachera au gouvernement un

grand nombre d'individus qui seront employés dans ces banques. Enfin, elles imprimeront un grand mouvement au commerce intérieur, et donneront une grande valeur aux immeubles: seuls moyens de faire augmenter sans vexations, le produit annuel de l'enregistrement et des impôts indirects.

Au moyen de ces mêmes banques, les obligations royales deviendront tellement rares dans la circulation, que l'on pourrait assurer qu'elles perdront à peine 10 p. 100.

Cette union des grands propriétaires et du trésor royal, tendra à augmenter le crédit public et celui des banques.

Organisation des banques départementales, leur utilité et les avantages qu'elles offriront aux actionnaires.

Il sera créé dans chaque arrondissement de sous-préfecture, une banque hypothécaire que je suppose d'un million.

Pour obtenir ce privilége, on donnera une hypothèque double de la valeur déterminée pour la création de la banque.

Les associés hypothécaires obtiendront du Roi la faculté de frapper des coupons d'obligations, jusqu'à concurrence d'un million. La quotité de ces coupons sera déterminée par une loi.

Les associés paieront au gouvernement deux pour cent des sommes qu'ils auront émises en vertu de leur autorisation.

Ces coupons seront employés à changer, au pair, mais sans tenir compte des intérêts échus, les obligations du gouvernement.

La banque escomptera à son profit tous les intérêts échus jusqu'au jour, où l'on reprendra les obligations en échange de ces coupons.

La banque paiera annuellement, en numéraire, un dixième des coupons qu'elle aura mis en circulation.

Les banques escompteront les effets de commerce, et feront pour leur avantage tout ce que les actionnaires croiront devoir determiner ; comme de créer des caisses d'assurance pour les incendies, pertes de récoltes et autres accidents susceptibles de garantie, etc.

D'après l'exposé de l'organisation de ces banques, on peut juger que les actionnaires pourront obtenir de grands bénéfices.

Les porteurs d'obligations royales s'empresseront de les échanger contre les coupons des banques : 1°. parce que ces coupons offriront plus de facilité pour les achats journaliers ; 2°.

parce qu'on aura une confiance d'autant plus grande dans ces coupons, qu'ils seront hypothéqués sur des propriétés dans l'arrondissement des banques.

Par ces échanges des obligations royales en coupons des banques, les obligations deviendront si rares sur les différentes places de commerce, qu'elles ne perdront, comme je l'ai déjà dit, qu'environ 10 p. 100; et conséquemment les coupons qui les représenteront ne perdront pas davantage.

Si l'on considère encore que chaque année on amortira 100 millions, on se convaincra aisément que le crédit public, et celui des banques, iront toujours croissant.

Je terminerai ce développement par vous expliquer, Messieurs, le mouvement des emprunts en obligations et leur emploi.

J'ai dit dans mes précédents Mémoires que je porterai au crédit du gouvernement, pour chacune des années 1816, 1817, 1818, 1819 et 1820, une somme de 200 millions. Les 200 millions réservés sur la création du milliard d'obligations, donnent la somme exigée pour le crédit de 1816. Pour 1817, j'ouvre un emprunt de 200 millions en obligations, avec une prime sur leurs intérêts.

C'est alors, Messieurs, que les banques et

les capitalistes, porteurs de nos obligations, concourront à remplir l'emprunt projeté. Les uns et les autres voudront obtenir la prime accordée, ce qui produira au trésor une diminution de cette prime. Ils seront d'autant plus portés à venir au secours du gouvernement, que dans tout état de choses, les risques, s'il y en avait à courir, seraient les mêmes, puisque les obligations en circulation n'auraient pas plus de garantie, que la déclaration de la remise des obligations n'en aurait elle-même (*Voy*. la note 1).

Les emprunts des années 1818, 1819 et 1820 seront ouverts d'après le même mode que celui de l'année 1817.

En 1821, il aura été amorti 500 millions de nos obligations; alors commencera une nouvelle opération: on n'empruntera plus, mais on créera 100 millions en nouvelles obligations, amortissables comme les premières en dix années, et l'on amortira annuellement une pareille somme de 100 millions, de sorte qu'il n'y aura jamais en circulation plus de 500 millions en obligations royales; et, en continuant ainsi cette opération, on parviendra en moins de trente années, à amortir toute la dette publique actuelle (4).

Il me reste, Messieurs, à vous présenter la

répartition des 200 millions en obligations, telle qu'il m'a paru convenable qu'elle fût faite pour la dette publique, et pour chaque ministère. Je l'établis ainsi qu'il suit :

Pour tiers consolidé, pensions et rentes viagères......... 69,250,000 fr.
Pour l'intérêt des obligations.. 20,000,000
Pour la liste civile et les princes 5,000,000
Pour le ministère de l'intérieur 20,000,000
Pour le ministère des finances. 6,000,000
Chambre des pairs..........
Chambre des députés........
Pour le ministère des affaires étrangères.............. 1,000,000
Pour le ministère de la justice. 6,000,000
Pour le ministère de la guerre. 44,000,000
Pour le ministère de la marine 12,000,000
Pour celui de la police générale
Pour les intérêts des cautionnements................ 4,000,000
Pour frais de négociations (5). 12,000,000
Pour frais d'amortissement...
Intérêts des obligations royales. 750,000

Total, deux cent millions, ci. 200,000,000 fr.

Ainsi que j'ai déjà eu l'honneur de vous le dire, il restera un excédant de recette de 103 millions pour 1816.

Mém. confid.

Il me paraîtrait convenable que les 44 millions en obligations, portés à l'exercice du ministère de la guerre, et les 12 millions portés à celui du ministère de la marine, le fussent indépendamment des sommes qui leur sont allouées par le budget ministériel. J'ai l'honneur de vous faire observer que les sommes en obligations, destinées aux exercices de chaque ministère, doivent être déterminées pour cinq années, après lesquelles on ne portera en obligations, qu'une somme de moitié moins forte que celle des années précédentes.

Si l'on considère qu'après onze années, on aura amorti pour 500 millions de nos obligations; qu'on aura amorti aussi pour 1400 millions de dettes, on concevra de suite, que le crédit public sera dès lors établi d'une manière invariable, et qu'alors les obligations auront d'autant plus de valeur, qu'il y en aura moins en circulation, et qu'on aura été plus exact à les amortir.

C'est ici le cas de vous exposer, Messieurs, les moyens à employer pour amortir les obligations en circulation.

J'ai dit, dans mon second Mémoire, que nos ventes de bois produiraient au moins 600 millions; ce qui nous donne un amortissement de pareille somme en dix années, ou 60 mil-

lions annuellement, ci..........60,000,000.
Les 40 millions en obligations restant à amortir annuellement, le seront par le rachat en numéraire de nos obligations. On appliquera à cet objet les intérêts des ventes de bois, les recettes des loteries, ou telles autres que le Roi croira devoir destiner à cet amortissement (*V.* la note 2).

Presque tous ceux qui ont eu connaissance de mon système, m'ont objecté que par l'émission de ces obligations, on porterait atteinte au crédit, et que les fonds publics baisseraient. On m'a fait cette objection, parce que depuis vingt-cinq ans, on s'imagine que de la hausse des effets publics, devait dépendre la prospérité de l'état. Il me sera facile, Messieurs, de vous démontrer que cette idée est fausse, que c'est une erreur des plus grossières en finances.

La hausse des effets publics, obtenue par des moyens artificiels, augmente le mal, au lieu de le diminuer ; car il est certain que si l'on employait les sommes destinées à faire hausser les effets publics, à les amortir, on arriverait insensiblement à une hausse réelle ; tandis que, par le système ruineux usité jusqu'à ce jour, on ne parvient à soutenir cette hausse qu'au prix de sommes énormes. Ce n'est point ainsi que les Anglais en agissent. Leur caisse d'amortissement achète quand les fonds publics baissent, et les sommes ainsi rachetées sont à l'instant amorties. Il résulte de cette opération, que l'amortissement en Angleterre se fait avec une masse de numéraire très inférieure à la dette amortie.

Si mon système de finances était adopté, nos fonds publics pourraient baisser momentanément, ce qui serait le résultat des délais à prendre pour payer la moitié des intérêts de la dette publique, mais cette baisse sur nos effets n'aurait qu'une courte durée, par la certitude que l'on aurait d'en recevoir ponctuellement les intérêts. Loin de considérer une baisse sur les fonds publics comme un désavantage, on doit se persuader qu'elle tournera au profit de l'état; parce que les capitalistes étrangers, trouvant à placer leurs fonds à un intérêt plus élevé que sur leur gouvernement, s'empresseront d'acheter du tiers consolidé, et dès-lors il remontera naturellement, et de la seule manière qui doit convenir à un gouvernement légitime, c'est-à-dire, par l'intime conviction qu'on aura de sa moralité. On objectera sûrement que cette baisse momentanée sera préjudiciable aux habitués de la bourse : je ne puis en disconvenir mais ceux qui éprouveront des pertes dans cette circonstance ne devront inspirer aucune pitié, parce qu'elles n'atteindront pas les capitalistes qui sont possesseurs des rentes, et qui par leur confiance au gouvernement, méritent, ainsi que les propriétaires, sa protection bienveillante. Ceux qui perdront seront ces agioteurs d'autant plus méprisables, que trop souvent ils jouent sur un crédit imaginaire.

Pour me résumer, qu'il me soit permis d'établir cinq questions, de la solution desquelles doivent dériver toutes celles qui peuvent avoir des rapports avec le budjet de 1816 et ceux des années suivantes.

1°. Les Français peuvent-ils, dans la crise où nous sommes, se passer d'un crédit réciproque et d'un crédit entre le Roi et ses sujets?

2°. Les Français peuvent-ils payer annuellement, indépendamment des centimes départementaux, une somme de plus de 800 millions?

3°. La sortie forcée de notre numéraire ne doit-elle pas porter à notre agriculture et à notre commerce, un préjudice tel, que les produits de l'enregistrement et des impôts indirects diminueront sensiblement? Ne se fera-t-elle pas sentir sur les revenus des particuliers, de telle sorte, que les impôts ne pouvant être diminués en proportion de la baisse progressive des revenus, il résultera que ces impôts absorberont en grande partie le produit des terres ?

4°. Ne serait-il pas convenable, pour consolider le crédit public, et pour obtenir la conviction que les mesures de finances qui seront ordonnées pour 1816, n'auront pas une influence dangereuse sur les années suivantes, de réclamer de S. Exc. le ministre des finances un état des recettes et des dépenses à faire pendant les cinq années frappées de contributions de guerre ?

5°. Enfin, peut-il être de l'intérêt de l'état de sacrifier les possesseurs d'une valeur de près de vingt-cinq milliards en immeubles, qui n'ont nul moyen de se soustraire à tous les impôts ordonnés ? Peut-il être de son intérêt de sacrifier également les classes industrieuses et manufacturières, dont les spéculations donnent de la valeur à tous les produits du royaume, et qui possèdent en valeur mobilière près de dix milliards ? Doit-on enfin, anéantir ces deux classes sur lesquelles repose essentiellement la prospérité de l'état, pour favoriser des capitalistes, que l'impôt ordinaire n'atteint que très difficilement, et qui se trouvent seulement possesseurs d'une créance sur l'état, d'environ deux milliards ?

Ce ne doit être qu'après la décision de ces

grandes questions, qu'il sera possible de statuer sur le budjet, ou de lui opposer un système de finances, destiné à sauver l'état du péril imminent dont il est menacé.

Tels sont, Messieurs, les développements que j'ai pris la liberté de vous présenter, et qui doivent vous mettre à même de juger les principes de politique et de finances que j'ai publiés dans mes deux Mémoires. Je n'ose espérer qu'ils auront votre assentiment, mais j'aurai la conviction consolante que vous aurez reconnu dans mes Écrits, un sujet fidèle, non moins dévoué au Roi qu'à sa patrie.

FIN.

NOTES.

(1) Pour éviter une partie des emprunts, il deviendrait possible de rétablir les corporations, en les taxant à des sommes proportionnées à leurs états et aux privilèges qu'on croira devoir leur accorder. On recevrait les obligations royales en paiement de ces charges.

(2) Si l'on pensait qu'il fût désavantageux de vendre les bois, il deviendrait alors nécessaire d'y suppléer par un impôt affecté spécialement à l'amortissement de nos obligations. Ce qui, à mon avis, ne remplirait que très imparfaitement le but que je me propose.

(3) Il ne peut y avoir d'inconvénient à porter les dépenses plus haut qu'elles ne paraissent, parce qu'il y en aura sûrement qu'on n'aura pas prévues, telle que la partie du tiers consolidé appartenant aux émigrés, qu'il est sûrement dans l'intention du Roi et des chambres de leur faire restituer.

(4) On observe que dans les onze premières années l'amortissement de la dette aura été de plus de 1900 millions.

(5) Cette somme est susceptible de réduction

www.ingramcontent.com/pod-product-compliance
Lightning Source LLC
Chambersburg PA
CBHW070524050426
42451CB00013B/2839